Der gestiefelte Kater

Mit Bildern von
Fritz Baumgarten

Es war einmal ein Müller, der hatte drei Söhne. Als er fühlte, dass er sterben werde, sprach er zu seinen Söhnen: „Drei Dinge sind es, die ich hinterlasse, und keines von ihnen kann geteilt werden. Deshalb muss jeder von euch mit dem zufrieden sein, was ich für ihn bestimme!" Er gab dem ältesten Sohn die Mühle, dem zweiten den Esel und dem dritten einen Kater.

Die beiden älteren Söhne waren mit dem Erbe zufrieden, aber der jüngste wusste nicht so recht, was er mit dem Kater anfangen sollte. Er schaute den Kater an und sagte: „Meine Brüder können sich zusammentun und so etwas Tüchtiges schaffen. Aber was soll ich mit dir anfangen, du grauer Mäusejäger? Soll ich mir etwa aus deinem Fell ein Paar Pelzhandschuhe machen lassen?"

er Kater hatte ihm aufmerksam zugehört und sagte: „Lieber Herr, sorgt Euch nicht. Ich werde Euch helfen. Lasst mir ein Paar Stiefel anfertigen, dann will ich Euch reich und glücklich machen." Der Müllerssohn wunderte sich über die Rede des Katers. Doch er beschloss, ihm seinen Wunsch zu erfüllen, und ließ dem Kater beim Schuster ein Paar Stiefel anmessen. Kaum hatte der Kater sie angezogen, nahm er seine Jagdtasche und einen großen Sack und machte sich auf den Weg in den Wald.

ort nahm er seinen Sack vom Rücken, legte frische Kohlblätter hinein und spannte die Öffnung mit einer Schnur auseinander. Dann versteckte er sich und wartete. Es dauerte nicht lange, da hüpfte ein Hase herbei, schnupperte an dem saftigen Kohl und schlüpfte in den Sack hinein. Blitzschnell zog der Kater den Sack zu und tötete den Hasen. Dann lief er mit dem Sack auf dem Rücken zum Schloss.

Als der Kater vorgelassen wurde, verbeugte er sich tief vor dem König und sprach: „Mein Herr, der Graf von Carrabas, schickt Euch einen Hasen, den er eben erlegt hat." Denn der schlaue Kater wusste, dass der König für sein Leben gern Hasenbraten aß.

 er König war voller Freude über den schönen, fetten Hasen
und befahl, den Sack des Katers zum Dank mit Gold zu füllen.
Wie staunte der Müllerssohn, als der Kater ihm das Gold brachte!
Dieser erzählte ihm, was sich zugetragen hatte, und sprach: „Wenn
Ihr tut, was ich Euch sage, dann werdet Ihr noch reicher werden,
als Ihr es jemals erträumt habt."

er Kater brachte dem König noch einige Male einen Hasen und war im Schloss schon bald bekannt. Da hörte er eines Tages, dass der König mit seiner schönen Tochter eine Spazierfahrt unternehmen wolle. Sofort lief er nach Hause und sagte zu seinem Herrn: „Wenn Ihr heute im See an der Stelle, die ich Euch zeige, badet, dann ist Euer Glück gemacht!"

Der Müllerssohn wusste erst nicht, was er dazu sagen sollte. Doch da der Kater ihm schon öfter Glück gebracht hatte, folgte er diesem, zog sich aus und sprang ins Wasser. Der Kater aber nahm die Kleider und versteckte sie.

Bald darauf kam der König mit seiner Tochter in einer prächtigen Kutsche vorbeigefahren. Der Kater fing sogleich an zu lamentieren: „Ach! Allergnädigster König! Mein Herr, der Graf von Carrabas, hat hier im See gebadet. Da ist ein Dieb gekommen und hat ihm die Kleider gestohlen. Nun ist er im Wasser und kann nicht heraus, und wenn er noch länger darin bleibt, wird er sich erkälten und sterben."

Wie der König das hörte, ließ er anhalten und schickte einen seiner Leute zurück, um von des Königs Kleidern zu holen. Der Müllerssohn zog die prächtigen Kleider an und weil ihm der König wegen der Hasen, die er meinte, von ihm empfangen zu haben, dankbar war, musste er sich zu ihm in die Kutsche setzen. Die Prinzessin war auch nicht böse darüber, denn der Graf war jung und schön und gefiel ihr recht gut.

Der Kater aber war vorausgeeilt und zu einer großen Wiese gekommen, dort machten über hundert Leute Heu. „Wem gehört die Wiese, ihr Leute?", fragte der Kater. „Dem großen Zauberer." – „Hört, jetzt wird gleich der König vorbeifahren. Wenn er fragt, wem die Wiese gehört, so antwortet: ‚Dem Grafen von Carrabas'. Wenn ihr das nicht tut, werdet ihr alle erschlagen."

Dann ging der Kater weiter und kam an ein riesengroßes Kornfeld, dort schnitten mehr als zweihundert Leute das Korn. „Wem gehört das Korn, ihr Leute?", fragte er. „Dem großen Zauberer."– „Hört, jetzt wird gleich der König vorbeifahren. Wenn er fragt, wem das Korn gehört, so antwortet: ‚Dem Grafen von Carrabas'. Wenn ihr das nicht tut, werdet ihr alle erschlagen."

Endlich kam der Kater an einen prächtigen Wald, dort fällten mehr als dreihundert Leute die großen Eichen und machten Holz. „Wem gehört der Wald, ihr Leute?", fragte der Kater. „Dem großen Zauberer." – „Hört, jetzt wird gleich der König vorbeifahren. Wenn er wissen will, wem der Wald gehört, so antwortet: ‚Dem Grafen von Carrabas'. Wenn ihr das nicht tut, werdet ihr alle erschlagen."

Der Kater ging noch weiter und die Leute sahen ihm nach, weil er so wunderlich aussah. Da er wie ein Mensch in Stiefeln ging, fürchteten sie sich vor ihm. Als er an das Schloss des großen Zauberers kam, trat er mutig vor die Wache und verlangte, den Zauberer zu sprechen. Er wurde tatsächlich vorgelassen und stand alsbald vor dem Zauberer. Dieser sah ihn verächtlich an und fragte, was er wolle. Der Kater verbeugte sich tief und sagte: „Man sagt, du könntest dich in jedes beliebige Tier verwandeln. Ich will es wohl glauben, was einen Hund, Fuchs oder Wolf betrifft. Aber dass du dich in einen Elefanten verwandeln kannst, scheint mir ganz unmöglich." Der Zauberer sagte stolz: „Das ist für mich eine Kleinigkeit!" Und schon hatte er sich in einen Elefanten verwandelt.

„Das ist viel", sagte der Kater, „aber ein Löwe ist gewiss zu schwierig." – „Auch das ist nichts", sagte der Zauberer und schon stand er als Löwe vor dem Kater. Der erschrak so heftig, dass er vor Angst in den Kamin sprang. Doch dann nahm er all seinen Mut zusammen und rief: „Das ist unglaublich, dergleichen hätte ich mir nicht im Traume gedacht! Aber das allergrößte Kunststück wäre es, wenn du dich auch in ein so kleines Tier wie eine Maus verwandeln könntest. Du kannst gewiss mehr, als irgendein Zauberer auf der Welt, aber das wirst auch du nicht schaffen."

Der Zauberer hörte die schmeichelnden Worte des Katers gerne und sagte freundlich: „O ja, liebes Kätzchen, auch das kann ich." Und schon lief er als Maus im Zimmer herum. Der Kater sprang schnell hinter ihr her, fing die Maus mit einem Satz und fraß sie auf.

nzwischen war die Kutsche des Königs bei der großen Wiese angekommen. „Wem gehört das Heu, ihr Leute?", fragte der König. „Dem Herrn Grafen von Carrabas!", riefen alle, so wie der Kater ihnen befohlen hatte. „Ein schönes Stück Land habt Ihr da, Herr Graf", sagte der König. Dann kamen sie an das große Kornfeld. „Wem gehört das Korn, ihr Leute?" – „Dem Herrn Grafen von Carrabas!" – „Ei! Herr Graf, große, schöne Ländereien!" Schließlich kamen sie zu dem Wald. „Wem gehört das Holz, ihr Leute?" – „Dem Herrn Grafen von Carrabas!" Der König wunderte sich noch mehr und sagte: „Ihr müsst ein reicher Mann sein, Herr Graf, solch einen prächtigen Wald habe ich nicht."

ndlich kamen sie an das Schloss des Zauberers. Der Kater stand oben an der Treppe und als der Wagen unten hielt, sprang er herab, öffnete die Türe und sagte: „Herr König, Ihr gelangt hier in das Schloss meines Herrn, des Grafen von Carrabas, den die Ehre, Euch und Eure Tochter hier zu empfangen, für sein Lebtag glücklich machen wird." Der König stieg aus und staunte über das prächtige Gebäude, das fast größer und schöner war als sein eigenes Schloss. Der Müllerssohn aber führte die Prinzessin die Treppe hinauf in den Saal, der ganz von Gold und Edelsteinen flimmerte. Dort war die Tafel gedeckt und ein Festmahl mit köstlichen Speisen ward aufgetragen.

Der König war überwältigt von so viel Reichtum und da er sah, dass die Prinzessin und der Graf einander zugetan waren, willigte er in die Hochzeit ein. Als der König starb, wurde der Müllerssohn König und den gestiefelten Kater, dem er alles zu verdanken hatte, ernannte er zu seinem ersten Minister.

© 2013 Titania Verlag GmbH
Fränkisch-Crumbach 2013
www.titania-verlag.de

Illustrationen: Fritz Baumgarten
Layout, Satz und Umschlaggestaltung:
design cat GmbH

ISBN 978-3-86472-502-9